Paul Gisi
**Der Rote Riese und
der Weisse Zwerg**
Gedichte

Books on Demand

Bibliographische Information der Deutschen National-
bibliothek: Die Deutsche Nationalbibliothek verzeichnet
diese Publikation in der deutschen Nationalbibliogra-
phie, detaillierte bibliographische Daten sind im Internet
über http://dnb.dnb.de abrufbar.

© 2021 Autor: Paul Gisi, op.126
Umschlagbild Ludwig Weibel
Herstellung und Verlag:
BoD – Books on Demand, Norderstedt
ISBN 9783753426211

Paul Gisi

Der Rote Riese und der Weisse Zwerg

Gedichte

Der *«Rote Riese»* ist ein sehr grosser alternder Stern mit hoher Leuchtkraft, der nach Jahrmillionen zu einem *«Weissen Zwerg»* mit wenig Leuchtkraft schrumpft, bis der «Rote Riese», ein «Weisser Zwerg» geworden, als Supernova explodiert.

Von den astronomischen Definitionen lyrisch freiheitsliebend abweichend, habe ich mich in ihnen porträtiert.

In deiner Schönheit
klingt das Glockenspiel
der Lust

In den Wandlungen
der Windblütler
tertiäralt
das rote Teufelsauge

Ich dunkle mich ein
mit dir
auf brennenden Füssen

Korallen
die gelben Berberitzen
glühend wie Cassiopeia
gauklerblumig
in glitzernden Perspektiven

Mit dir Feuer zu atmen
im Universum
der Umarmung

Mit der Inka-Astronomie
in der Tasche
wandere ich zu dir
um dir Sonnenjahre zu schenken
– und lange lange zu lachen

Lippen
eine Meisselinschrift
der Einsamkeit

Tauche in dir
selbst auf
eile auf dich hin

Der Fangschreckenkrebs
wandert
mit seiner Farbenpalette
an einen geheimen Ort
den ich nicht verrate
er soll ungestört malen können

Das Haar der Berenike
als Sonnenschirm
um auf Avenuen zu promenieren

Strauchdornig
der Atem
und in allen Farben

Dein Lächeln
wie eine Wolke
windverweht
im fremden Puls

Hinter dem Lid
das Gespinst
aus Licht

Sterne
Heidelbeeren
vor deinem Fenster

Wie der Orionnebel
der sich duckt
im Schatten

In Mozarts Violinkonzerten
hält die Welt
den Atem an
GLEISSENDE SCHÖNHEIT

Hab keine Angst
Weisser Zwerg
in meiner Achselhöhle

Im Nichtwissen
lächelst
du

Im Stundenwinkel des Himmelsgewölbes
entwirft der Rote Riese
eine neue Zeit
ob du dies begreifst
oder nicht

Dein Herz
eine Supernova

Du musst dich
nicht beeilen
kleine Krötenechse
die Letzten
werden die Ersten sein

Deine Zunge
eine Singdrossel

Wenn ich
meinen Namen
vergesse
bin ich wohnlich
bei mir

Ich zähle eins zwei drei
und ahne
es wird noch lange dauern
bis ich das Unzählbare erreiche

Ein Gewebe
von Klängen
im Baum

Als würde er zittern
der Weltallatem
ausgebreitet
mit den Farben der Illusion

Trink Sterne Galaxien
Meere Menschen
sei trunken!

Klangspiel Bruchglasmosaik
Minnelied Flügelaltar
Schirokko Glockenturm

Südwestwind
aus dem Innern
des Lapislazuli kommend
bevor alles versinkt
im letzten Schweigen

Über das Wesen
des Menschen nachzusinnen
hat der Karpfen keine Zeit

Unbefahrbare Stunden
kümmern mich nicht
ich setze Segel

Verloren
im Wurzelgewirr
der Angst
träumt das Fagott
dunkle unbekannte Noten

Das Wesen der Dinge
zu erkennen
in den Seeskorpionen
den Wassernabeldolden
im Tanz eines planetarischen Nebels
– dafür braucht es schon
DICH

Der Wind bricht
in der Träne
zusammen

Die Rune
in den Stein deines Herzens geritzt
nicht lesbar

Der Traum entführt mich
zu Messen und Motetten
von Gregorio Allegri

Herbeigerufen
durch die grossen Schatten
ins Weglose
hinter dem Atem
der Fülle der Leere
– da trennt uns kein Schritt mehr

Ich greife
nach den Flammenarmen
der Milchstrassen

Spektralvisionen
in deiner Hand
die du mir reichst

Ein lyrischer Cocktail d`Esprit
auf der Zunge
DAS NICHTWISSEN DES WINDS

Flammende Absurdität
in der Hosentasche
derart ernst ists geworden

Atemwarm
die Hoffnung
im Kern

Asketen Azteken
   singend
      tanzend
         weinend
mit Psilocybinpilzstatuen
in der Lust des Weltalls

Lippen und Wolken
sind mein Elixier
und der Wind
auf deinen Fingerspitzen

Sisyphus
fliegt mit dem Eiffelturm
unter dem Arm
in die Geometrie

der Irrealität
– das muss man schon können!

Ein Vogel
man kennt seinen Namen nicht
hockt
auf einer Starkstromleitung
und tut so
als ob er das *Tagebuch eines Verführers*
von Kierkegaard
lesen würde

Mit nackten Füssen zu tanzen
freut die Sonne
– da machen die Sterne dasselbe

Fischäugig
der Traum
aus tiefsten Tiefen

Ich versuchte
den Liebesbrief zu entziffern
– Jahre später bemühe ich mich immer noch

Der Rote Riese und der Weisse Zwerg
tanzen in den Rosenschleierblüten
trunken liebesverliebt

Der Gongschlag der Sonne
in deinem Auge
und auf den Lippen ein Liebesgedicht

Es gibt
nichts zu wissen
es gibt nur
lustvoll zu lieben

Es ist zum Verrücktwerden
dieser Picasso
– derart!

Trunkner Wind
auf dem Cours de Mirabeau
in Aix-en-Provence
nachts
wenn die Welt vergessen hat
wer sie ist
und wir uns selbst
nicht mehr finden

In der Hainbuche
Mozarts
Streichquintette

Tritt in dich hinein
durchs Fischauge
in die Unermesslichkeit

Um mich
mit dir
zu verwirren
liefe ich
bis ans Ende der Welt

Das Wort
ein Pfefferkuchenhäuschen
in deinem Herzensgarten

Eine Sinfonie von Mozart
spielt mit deinem Haar
wie ein balsamischer Wind

Gott grabbelt
im Cembalogeklirr
als ob das Sinn gäbe

Muzio Clementis Sinfonien
ein charmanter Wind
im Erstaunen der Silberpappel
mit dir zu tanzen
hinter der Zeit

Es gibt nichts zu zählen
doch es gibt dich
dein Lachen

Augenbrauen
wie zwei Schilfrohrsänger

Selbst die Wellen
lachen sich ins Fäustchen
über die Sinnlosigkeit von Ebbe und Flut

Weit und breit
nichts
doch so nah
alles

Wenn der Kreismittelpunkt
sich dir nähert
verliert die Welt ihr Gewicht

Die Vögel singen
auch ohne Brandy
entzückt verrückt

Deine Augen
zwei Kolibris
vor der dunklen Wand
der Inschriften
deines Herzens

Oliven Hirtenkäse und Wein
auf dem Tisch
– da sehe ich keinen Grund mehr zu sterben

Reseda morbos reseda!
heile die Krankheiten heile!
schreite vorwärts auf dich hin

Die gelbe Rose
am Revers
des Glücksgestirns Pegasi
duftet
als ob es niemals
ein Ende gäbe

Ich liebe es
in deinem Stadtgewühl zu strabanzen
höchstderoselbst

Glimmerschiefrige Sätze
im Lusttagebuch
von einer unbekannten Handschrift

Schmalhüftig
das Universum
Luftwirbel
im Anprall der Lust

Ein Tanz des Seins
   die Sonnen
      die Fische
         das Schweigen

wir nähern uns
den Entfernungen

Der kirschenrote Kuss
mundinmundbrennend
– nun überstehe ich jede Nacht

Ich lache
über den umhergeisternden Geist
lustvoll befreit mit allen Sinnen

Fliege auf
brenne
im Nichtwissen des Winds

Brahms` Violinkonzert
auf Jakobs Himmelsleiter
in deine Verliese hinein

Ein Wirbelwind
überm Abgrund
eine verlorne Träne
in deinem Gesicht
ZEIT ZUR ANBETUNG

Strindbergdunkle Exzesse
in den Rissen der Welt
nicht mehr änderbar

Das Sandkorn
winkt
dem Weltall zu

Der Celloton der Nacht
vergisst sich selbst
trunken nichtwissend
in deiner Hand

Ein brennendes Haus
    ein blutroter Fluss
        ein syphiloider Mond
in den Zentralganglien des Gehirns
– das Weltall eine Kugelbauchmilbe

Ein Niedersenken
des Geistes
im Aufflammen der Nacht

Lebenstrunken
der Schlaf
das Wachsein

EINSTÜRZEND
im letzten Rätsel
    lemurische
        milbenwurmige
Träume

Verwandle Bekanntes
in Unbekanntes
sag einfach *ja*

Vergiss
was du weisst
küsse die Frühlingsblüten

Die Windzunge
findet den Wortklang
auf dem wir auffliegen
ins Zeitlose
entledigt von allem

Im Gegenlicht
die Tamarisken –
schlohweiss buttergelb
WORTPILZE
der Liebe

Da die Haustüre zu dir geschlossen war
kletterte ich die Fassade hoch
bis zum Sternbild *Fliege*

Traumversunken
hinter deinem Lid
unter den Steinen des Himmels

Heute Morgen zwitscherten die Vögel
Flauberts *Salammbō* in die Luft
– nun kann ich aufatmen

Ein geistreiches Gespräch
wäre mir lieber
als das buddharundbäuchige Schweigen

Windstriche fernorts
in den Riffelungen
der Täuschung
wenn alles versagt
und nur du singst

Nicht verheilbar
die Wunde
der Liebe

Lade sie zu dir ein
die *Femme fatale*
– die Glocke schlägt auch diese Stunde

Der Geist mag Hindernisse
auf dem Weg
körperumkörpert

Trink den Wein
und pack den Wind
es eilt nichts ins Ewige fort

Wir wissen es
wir haben nichts gewusst
was nicht schon der Seestern wusste

Der Seetang
eine Melodie eine Umarmung
ich unterscheide da nicht so genau

Das Veilchen
zittert vor Glück
in deiner Hand ruhen zu dürfen

A fresco gemalt
auf die Dunkelwände
hinter dem Horizont
die Träume der Lust

Schilfpflanzen
winden sich
im Wind
du versteckst dich in mir
ich verstecke mich in dir
so finden wir uns

Hab sie lieb
die Brennnessel
sie täuscht dich nicht

Lasurfarben
die Worte
die du nicht findest

Das Saxofon auf dem Olymp
fragt sich desorientiert
was eigentlich los sei

Wie unwahr die Wahrheit
umherstolziert
ohne einen Schatten zu werfen

Wenn es Gott gäbe
wüsste der Einhorndorsch
im Stillen Ozean davon
würde der Löwenzahn lachen
tanzte der Drachenstern
wie verrückt

Es wäre sparrig verzweigt
das Wort
das du verschweigst

Das Meer weicht
in die Dämmerung zurück
Sterne rasen auseinander
    ins Nichts –
WIR FLIEHEN ZUEINANDER
I N E I N A N D E R

Seidenpirolsilbrig
die Himmelstriller nachts
wenn du bei mir bist

Jean-Henri Fabres
Harmas
in Sérignan

Halte mich fest
bevor ich mich
in mir verliere

Sich im Finden
zu entselbsten
ist meine Spezialität

Ein Rauschen im Ohr
wie von weit
so nahe bei dir

Die Mitternachtssonne
in meiner Hausbibliothek
wirft einen unruhigen Schatten
auf die Buchrücken
von Alphonse Daudet
– ich finde das
glücksnah
allerhand

Ich verzichte
auf den Schlaf
zugunsten des Feuers

Wie Dornröschen
schläft das Wort
hinter dem Schweigen

Zu dir hin zu dir hin ist mein Sinn –
mit Lichtgeschwindigkeit
mache ich mich auf

Transparenz der Täuschung
blau schillernder Augenfalter
LATERNENFISCHTRAUM

Was für friedvolle und zornige Gestalten
in der Psyche –
erkenne dich in allen Figuren

Nimm die Blicke an
die dich anblicken
durchdringe Undurchdringliches
mit der Sonne in deinen Augen
– gib der Dunkelheit keine Chancen

Die Einheit von Leere und Form
in deiner schlanken Hand
auf dem nackten Körper

Windlust
der Liebe
BRENNEND

Das Andante von Mozarts
einundzwanzigstem Klavierkonzert
versöhnt mich mit der Welt

Wie schön
der Rote Riese
in deinem Auge!

Den Orinoco hinunter
mit der Fünfmastbark
dich wild liebend
nackt unter der Sonne
die Opiumpfeife rauchend
und dann in der Hafenstadt
Puerto Ayacucho
den Joropo tanzen

Verworren verwuchert
die Nacht
– ausweglos schön

Wage die Vollendung
der einsamen Orte
– zu zweit lachen wir dann

Ohne Zuneigung und Abneigung
trampelt das Kamel durch die Wüste –
ich mache es kamelgleich

Die Milchstrasse deiner Stirn
strahlt in meine Verlassenheit
ekstatisch vereint hinter dem Lid

Geist und Leere
geben sich die Hand

Was für ein chaotisches Herumirren
in den Ganglien
des Weltalls

In den Hochfrequenzströmen
mit dir
   zu singen
      zu tanzen
MONDHORNKÄFRIG

In dir *Wolke*
rundet sich das Geheimnis
fortwährend sich verwandelnd

Im Sternbild *Fliegender Teppich*
flitze ich suchend umher
als wär ich ein Traum von dir

Selbstverständlich
wandere ich aus mit dir
Nashornfisch
in eine andere Zeit

Distelstachlig geschützt
singt der Fink
Liebeslieder andante cantabile

Deine Stimme
leicht wie ein Vogelflug
getragen vom Schatten
der Erde

Flappend das Nichts
im Weinglas
in deiner Hand

Der Landschaftsmaler
wirft die Pinsel weg
und flötet unbekümmert Abstraktes

Rufworte
der Erinnerung
    schmerznervig
in der Ohnmacht
des Aufwachens

Die Milchstrasse muss niesen
ob nah oder fern
ohne Lärm geht nichts

Die hundertfünfzig Lichtjahre
entfernte *Pendeluhr*
auf dem Bücherbord
schlägt bloss die Jahrtausende
als wärens Stunden

Ob hellwach
oder schlafend
– unsre Lippen
finden sich

Im Schleier der Erscheinungen
SPIRALNEBLIG
BORSTIG
das Feuerkraut

Mit dir
im Schatten des Glockenturms
in Murat in der Auvergne
Wein trinken
und lachen
nach dem Kuss

Das Nichts
eine von Linden
besäumte Strasse

Wolkenschiffe Sumpfpflanzen
Koboldmakis interstellarer Staub
– ich bin auf dem Weg zu dir

Flackerfeuer
der Täuschungen
im Ausläuten der Nacht

Schwimmende Nüsse
in den Meeresströmungen
    Atemwurzeln
    aus dem Faulschlamm
im wilden Furioso
des Lebens der Liebe der Lust
    IM WOLKENWIND
    finden wir uns

Der Braunbauchorganist
hockt auf meiner Schulter
und orgelt mir
Liebesworte ins Ohr
– so schön kann Leben sein!

                ɘ   ɘ   ɘ

Sternschnuppen
der Perseiden

(Perseiden: Meteorstrom, Feuerkugeln)

Mit dir in Kairouan
    zu trommeln
im phönizischen Karthago
Dattelwein trinken
    sich in den Ruinen
    von Byrsa lieben
BEI IBIS UND MARABU
      am Ufer des Medjerda
    zu singen
wenn Aldebaran
auf den Fingerbeeren tanzt
    Träume aufflammen
    ENG UMARMT

Ich lese die Tagebücher
einer alten ÄSKULAPNATTER
    schreibe
    der äthiopischen Königstochter Andromeda
    einen Liebesbrief
      feuerzüngelnd
        kolibriblitzend
LIPPE AUF LIPPE
– WIR SUCHEN UNS

zeitlosnah
vereinigt
in den unfassbaren Entfernungen

Buntbarsche und Sonnen
tanzen auf dem Klavier
SAXOFONSPIELEND
DER SUMPFSTORCHSCHNABEL
die Seekrähe auf der Brigg
winkt dir lachend zu
und ich fange
schallundlichtgeschwind
ASTEROIDEN
mit dem Schmetterlingsnetz
F Ü R D I C H

Ich werfe Anker aus
vor der Küste deines Körpers
erforsche das Landinnere
die Karsthöhlen
die Baumwurzeln
DAS STERNBILD *EINHORN*
die zipflig gewimperten
hellvioletten Blüten
der Glockenblume
zupfe die Kithara deiner Beine
steige ein
in die Luftschaukel
deiner Brust

– es ist *Weltjahrmarkt*
TANZEN WIR LIEBE
UND UNVERNUNFT

Deine Hand halten
   mit dem Segelschiff
   der Sehnsucht
   DEINE LIPPEN BEFAHREN
DEINEN HALS KÜSSEN
      Sterne mit den Farben
      der Goldrute bemalen
MIT DEM KOBOLDKÄRPFLING
Unterwasserwelten singen
   im Bassgeigenbauch träumen
   sich in die Luftströmungen
   aufschwingen
         Brandungsgeröll aufsammeln
–ALLES MIT DIR

            ɘ   ɘ   ɘ

Paul Gisi, 1949 in Basel geboren, Schulen in Basel,
Primarlehrerpatent in Zug, einige Jahre Schulpraxis,
Aufenthalte in Südfrankreich, viele Jahre lang Korrektor in
der Ostschweiz, 126 Publikationen, hauptsächlich Lyrik, aber
auch Kurzprosa, Sätze und Briefe, erhielt wenige Preise, lebt
zurückgezogen in Rorschach am Bodensee.

www.zackenbarsch.ch
zackenbarsch.gisi@gmail.com